AF206803

Impressum
Verlag: BABADADA GmbH, Nedderfeld 112 , 22529 Hamburg
Geschäftsführer / Verlagsleitung: Harald Hof
Druck: Books on Demand GmbH, In de Tarpen 42, 22848 Norderstedt

Imprint
Publisher: BABADADA GmbH, Nedderfeld 112 , 22529 Hamburg, Germany
Managing Director / Publishing direction: Harald Hof
Print: Books on Demand GmbH, In de Tarpen 42, 22848 Norderstedt

skola
l'école

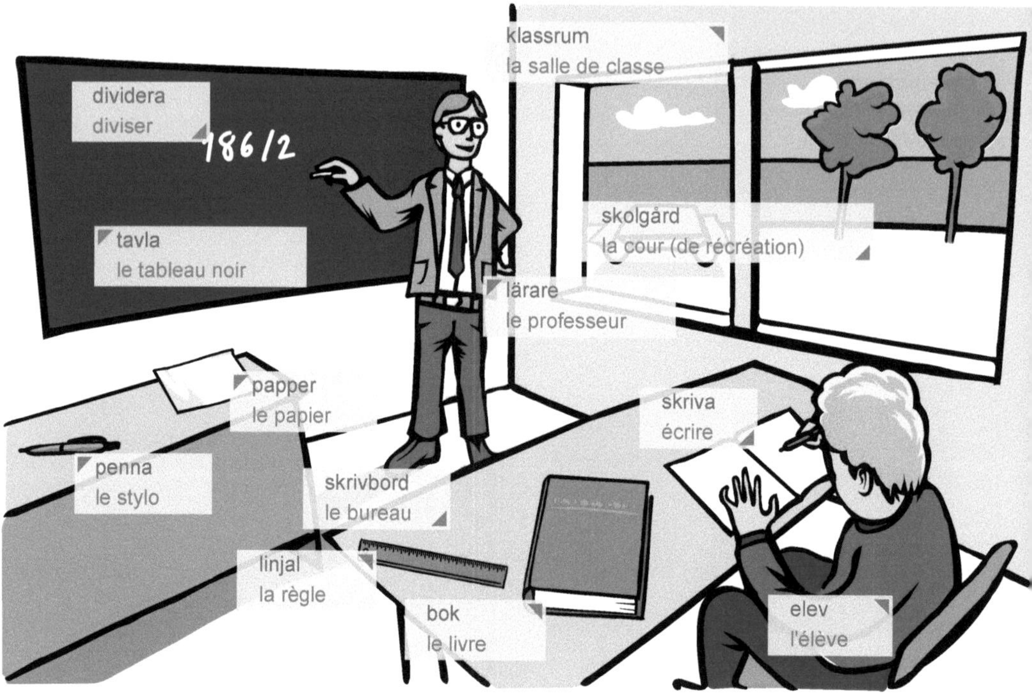
klassrum
la salle de classe
dividera
diviser
186/2
tavla
le tableau noir
skolgård
la cour (de récréation)
lärare
le professeur
papper
le papier
skriva
écrire
penna
le stylo
skrivbord
le bureau
linjal
la règle
bok
le livre
elev
l'élève

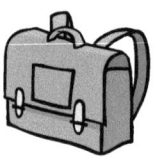

skolväska

le cartable

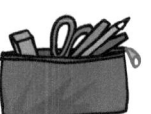

pennfodral

la trousse

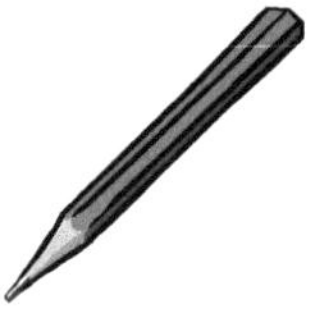

blyertspenna

le crayon

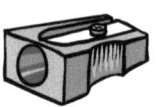

pennvässare

le taille-crayon

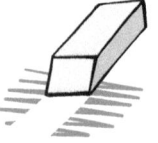

suddgummi

la gomme

ritblock

le carnet à dessin

teckning

le dessin

pensel

le pinceau

målarlåda

la boîte de peinture

sax

les ciseaux

lim

la colle

övningsbok

le cahier d'exercices

hemläxa

les devoirs

tal

le chiffre

addera

additionner

subtrahera

soustraire

multiplicera

multiplier

räkna

calculer

bokstav

la lettre

alfabet

l'alphabet

ord

le mot

skola - l'école

text
le texte

läsa
lire

krita
la craie

lektion
la leçon

register
le livre de classe

prov
l'examen

intyg
le certificat

skoluniform
l'uniforme scolaire

utbildning
la formation

uppslagsverk
le lexique

universitet
l'université

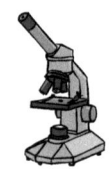

mikroskop
le microscope

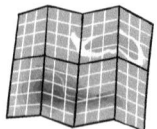

karta
la carte

papperskorg
la corbeille à papier

resa
le voyage

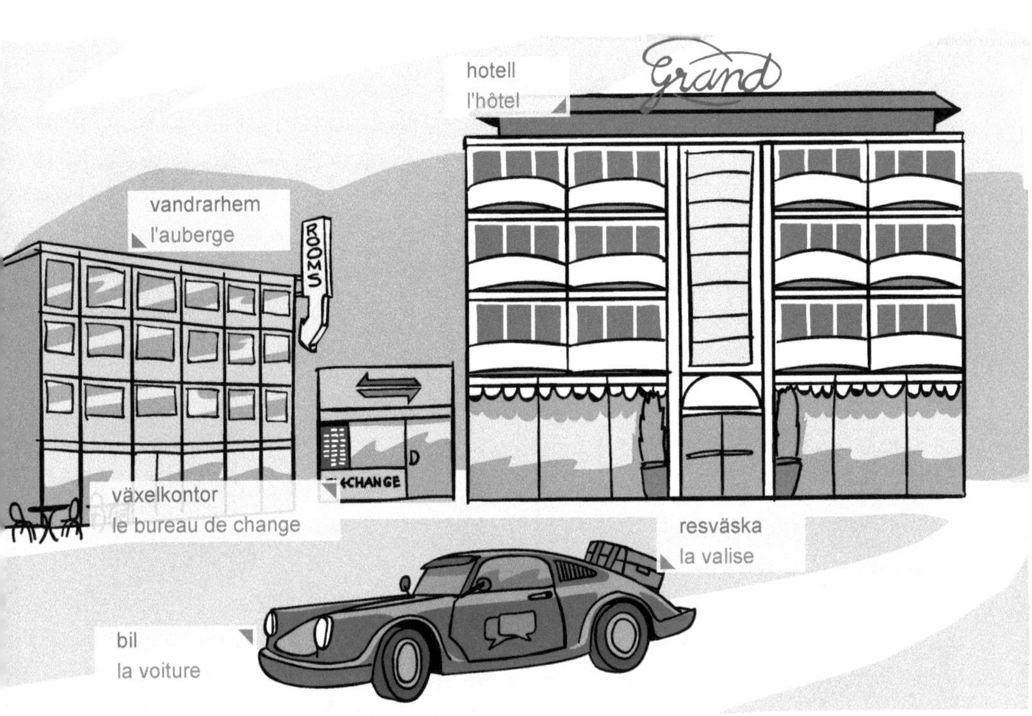
hotell
l'hôtel
Grand
vandrarhem
l'auberge
ROOMS
växelkontor
le bureau de change
CHANGE
resväska
la valise
bil
la voiture

språk

la langue

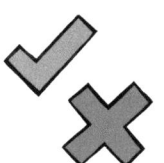

ja / nej

oui / non

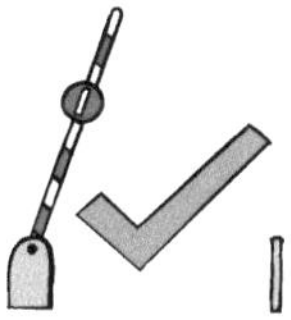

Okay

d'accord

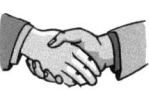

hej

Salut

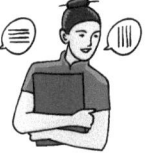

översättare

l'interprète

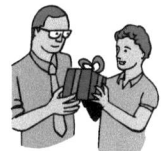

Tack

merci

hur mycket kostar…?

Combien coûte…?

jag förstår inte

Je ne comprends pas

problem

le problème

God kväll!

Bonsoir !

God morgon!

Bonjour !

God natt!

Bonne nuit !

hejdå

Au revoir

riktning

la direction

bagage

les bagages

väska

le sac

ryggsäck

le sac-à-dos

gäst

l'hôte

rum

la pièce

sovsäck

le sac de couchage

tält

la tente

turistinformation

l'office de tourisme

strand

la plage

kreditkort

la carte de crédit

frukost

le petit-déjeuner

lunch

le déjeuner

middag

le dîner

biljett

le billet

hiss

l'ascenseur

frimärke

le timbre

gräns

la frontière

tull

la douane

ambassad

l'ambassade

visum

le visa

pass

le passeport

transport

le transport

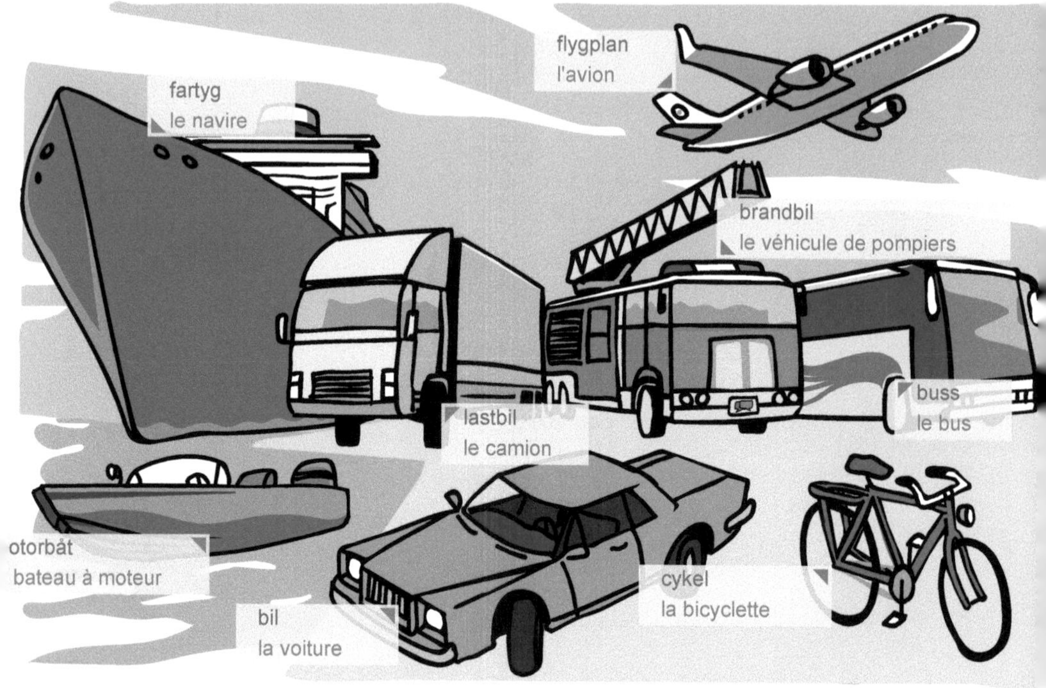

flygplan
l'avion
fartyg
le navire
brandbil
le véhicule de pompiers
lastbil
le camion
buss
le bus
otorbåt
bateau à moteur
cykel
la bicyclette
bil
la voiture

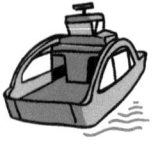

färja

le ferry

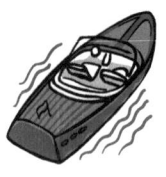

båt

la barque

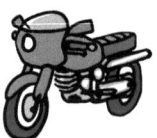

motorcykel

la moto

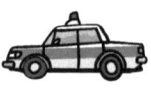

polisbil

la voiture de police

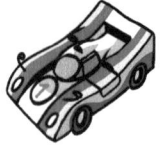

racerbil

la voiture de course

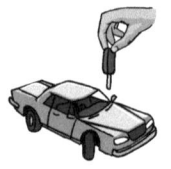

hyrbil

la voiture de location

bilpool

l'auto-partage

bärgningsbil

la voiture de remorquage

sopbil

la benne à ordures

motor

le moteur

bränsle

l'essence

bensinstation

la station d'essence

vägmärke

le panneau indicateur

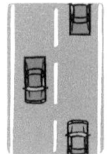

trafik

le trafic

bilkö

l'embouteillage

parkeringsplats

le parking

tågstation

la gare

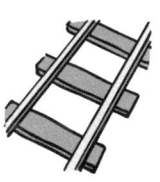

räls

les rails

tåg

le train

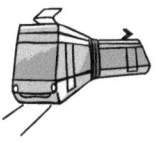

spårvagn

le tramway

vagn

le wagon

helikopter

l'hélicoptère

flygplats

l'aéroport

torn

la tour

passagerare

le passager

container

le conteneur

kartong

le carton

vagn

le chariot

korg

la corbeille

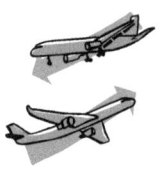

starta / landa

décoller / atterrir

stad

la ville

by

le village

centrum

le centre-ville

hus

la maison

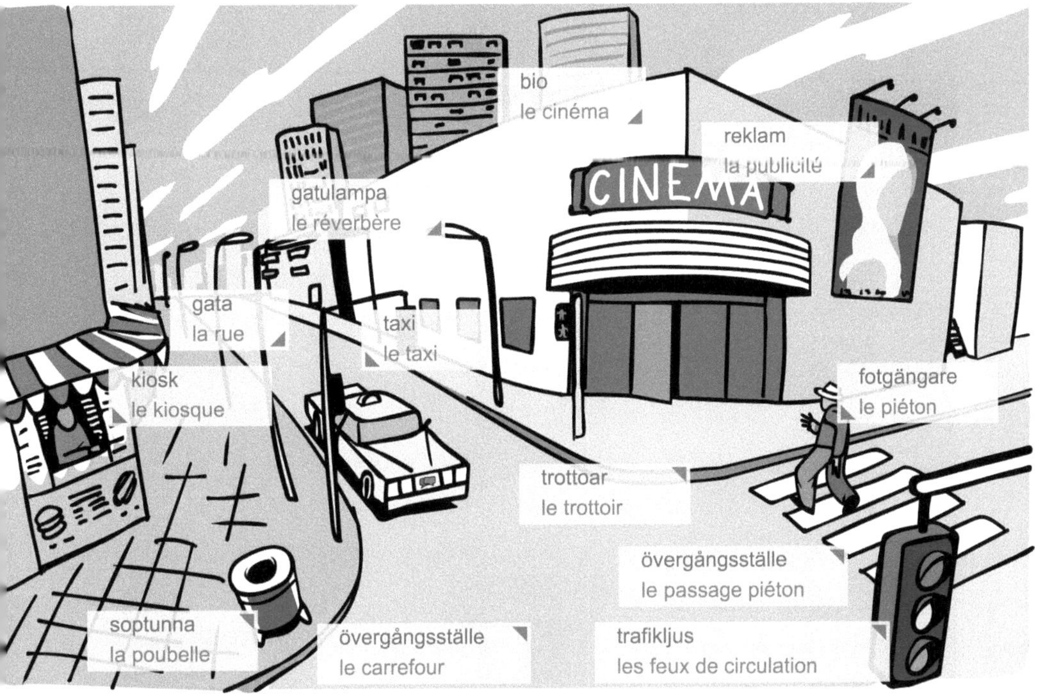

bio
le cinéma

reklam
la publicité

gatulampa
le réverbère

CINEMA

gata
la rue

taxi
le taxi

fotgängare
le piéton

kiosk
le kiosque

trottoar
le trottoir

övergångsställe
le passage piéton

soptunna
la poubelle

övergångsställe
le carrefour

trafikljus
les feux de circulation

stuga

la cabane

lägenhet

l'appartement

tågstation

la gare

stadshus

la mairie

museum

le musée

skola

l'école

universitet

l'université

bank

la banque

sjukhus

l'hôpital

hotell

l'hôtel

apotek

la pharmacie

kontor

le bureau

bokhandel

la librairie

affär

le magasin

blomsterbutik

le fleuriste

stormarknad

le supermarché

marknad

le marché

varuhus

le grand magasin

fiskhandlare

la poissonnerie

köpcentrum

le centre commercial

hamn

le port

park
....
le parc

bänk
....
la banque

brygga
....
le pont

trappa
....
les escaliers

tunnelbana
....
le métro

tunnel
....
le tunnel

busshållplats
....
l'arrêt de bus

bar
....
le bar

restaurang
....
le restaurant

brevlåda
....
la boîte à lettres

gatuskylt
....
le panneau indicateur

parkeringsautomat
....
le parcmètre

zoo
....
le zoo

simbassäng
....
le réverbère

moské
....
la mosquée

bondgård
la ferme

förorening
la pollution

kyrkogård
la cimetière

kyrka
l'église

lekplats
l'aire de jeux

tempel
le temple

landskap
le paysage

löv
la feuille

vägskylt
le panneau indicateur

väg
le chemin

äng
le pré

sten
la pierre

liftare
le randonneur

träd
l'arbre

flod
la rivière

gräs
l'herbe

blomma
la fleur

landskap - le paysage

dal
la vallée

kulle
la montagne

sjö
le lac

skog
la forêt

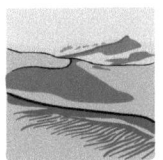

öken
le désert

vulkan
le volcan

slott
le château

regnbåge
l'arc-en-ciel

svamp
le champignon

palm
le palmier

mygga
le moustique

fluga
la mouche

myra
les fourmis

bi
l'abeille

spindel
l'araignée

skalbagge

le coléoptère

groda

la grenouille

ekorre

l'écureuil

igelkott

le hérisson

hare

le lièvre

uggla

la chouette

fågel

l'oiseau

svan

le cygne

vildsvin

le sanglier

rådjur

le cerf

älg

l'élan

damm

le barrage

vindkraftverk

l'éolienne

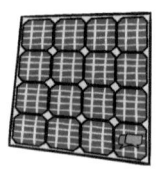

solcellspanel

le panneau solaire

klimat

le climat

restaurang
le restaurant

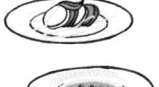

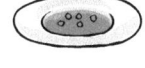

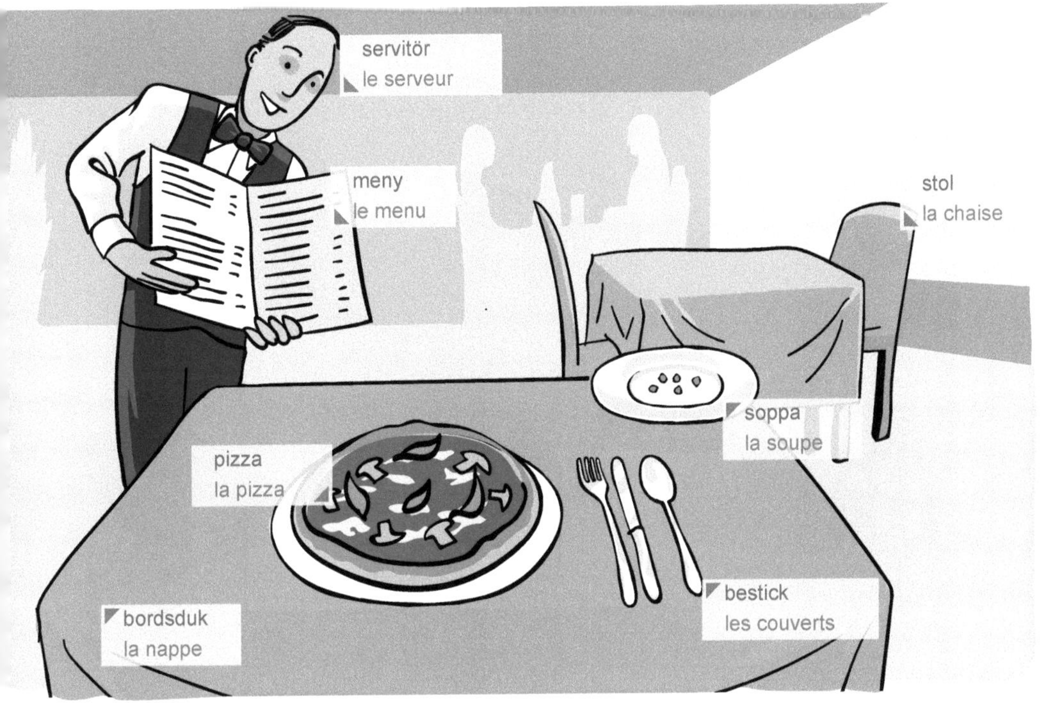
servitör
le serveur
meny
le menu
stol
la chaise
soppa
la soupe
pizza
la pizza
bestick
les couverts
bordsduk
la nappe

förrätt

les hors d'œuvre

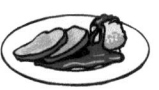

huvudrätt

le plat principal

dessert

le dessert

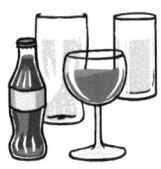

drycker

les boissons

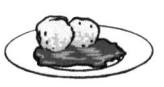

mat

l'alimentation

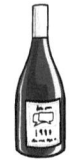

flaska

la bouteille

snabbmat

le fast-food

street food

les plats à emporter

tekanna

la théière

sockerskål

le sucrier

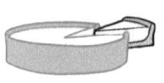

portion

la portion

espressomaskin

la machine à expresso

barnstol

la chaise haute

räkning

la facture

bricka

le plateau

kniv

le couteau

gaffel

la fourchette

sked

la cuillère

tesked

la cuillère à thé

servett

la serviette

glas

le verre

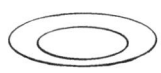

tallrik

l'assiette

sopptallrik

l'assiette à soupe

tefat

la soucoupe

sås

la sauce

saltkar

la salière

pepparkvarn

le moulin à poivre

vinäger

le vinaigre

olja

l'huile

kryddor

les épices

ketchup

le ketchup

senap

la moutarde

majonnäs

la mayonnaise

stormarknad

le supermarché

specialerbjudande
l'offre promotionnelle
FOR
kund
le client
mejeriprodukter
les produits laitiers
frukt
les fruits
varukorg
le chariot

BUTCHERS

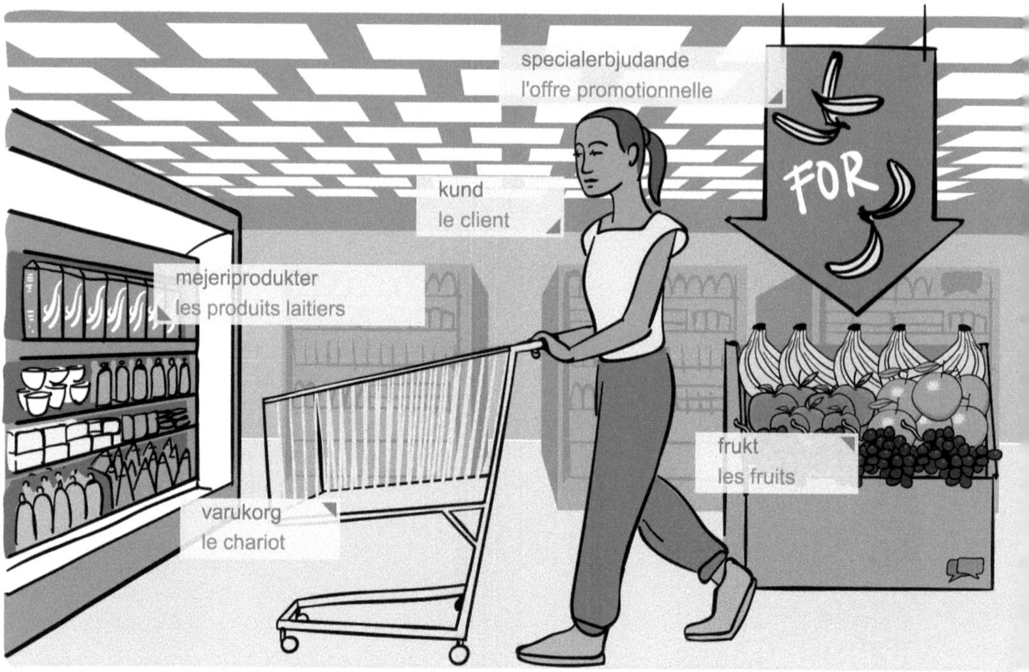

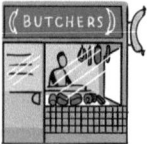

charkuteri

la boucherie

BAKERY

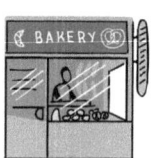

bageri

la boulangerie

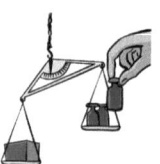

väga

peser

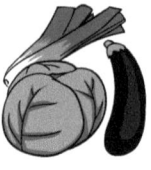

grönsaker

les légumes

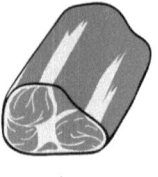

kött

la viande

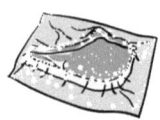

frysta livsmedel

les aliments surgelés

pålägg

la charcuterie

konserver

les conserves

tvättmedel

la poudre à lessive

godis

les bonbons

hushållsprodukter

les articles ménagers

rengöringsmedel

les détergents

försäljare

la vendeuse

kassa

la caisse

kassör

le caissier

inköpslista

la liste d'achats

öppettider

les heures d'ouverture

plånbok

le portefeuille

kreditkort

la carte de crédit

väska

le sac

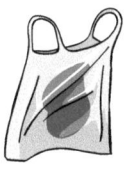

plastpåse

le sac en plastique

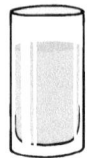

vatten

l'eau

juice

le jus de fruit

mjölk

le lait

cola

le coca

vin

le vin

öl

la bière

alkohol

l'alcool

kakao

le chocolat chaud

te

le thé

kaffe

le café

espresso

l'expresso

cappuccino

le cappuccino

banan

la banane

äpple

la pomme

apelsin

l'orange

melon

le melon

citron

le citron.

morot

la carotte

vitlök

l'ail

bambu

le bambou

lök

l'oignon

svamp

le champignon

nötter

les noisettes

nudlar

les pâtes

spaghetti

les spaghetti

ris

le riz

sallad

la salade

pommes frites

les pommes frites

stekt potatis

les pommes de terre rôties

pizza

la pizza

hamburgare

le hamburger

smörgås

le sandwich

schnitzel

l'escalope

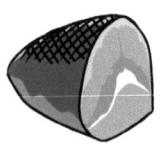

skinka

le jambon

salami

le salami

korv

la saucisse

kyckling

le poulet

stek

le rôti

fisk

le poisson

mat - l'alimentation

havregryn

les flocons d'avoine

müsli

le muesli

cornflakes

les cornflakes

mjöl

la farine

croissant

le croissant

fralla

les petits-pains

bröd

le pain

rostat bröd

le pain grillé

kex

les biscuits

smör

le beurre

kvarg

le fromage blanc

kaka

le gâteau

ägg

l'œuf

stekt ägg

l'œuf au plat

ost

le fromage

glass

la glace

socker

le sucre

honung

le miel

sylt

la confiture

nougatkräm

la crème nougat

curry

le curry

bondgård
la ferme

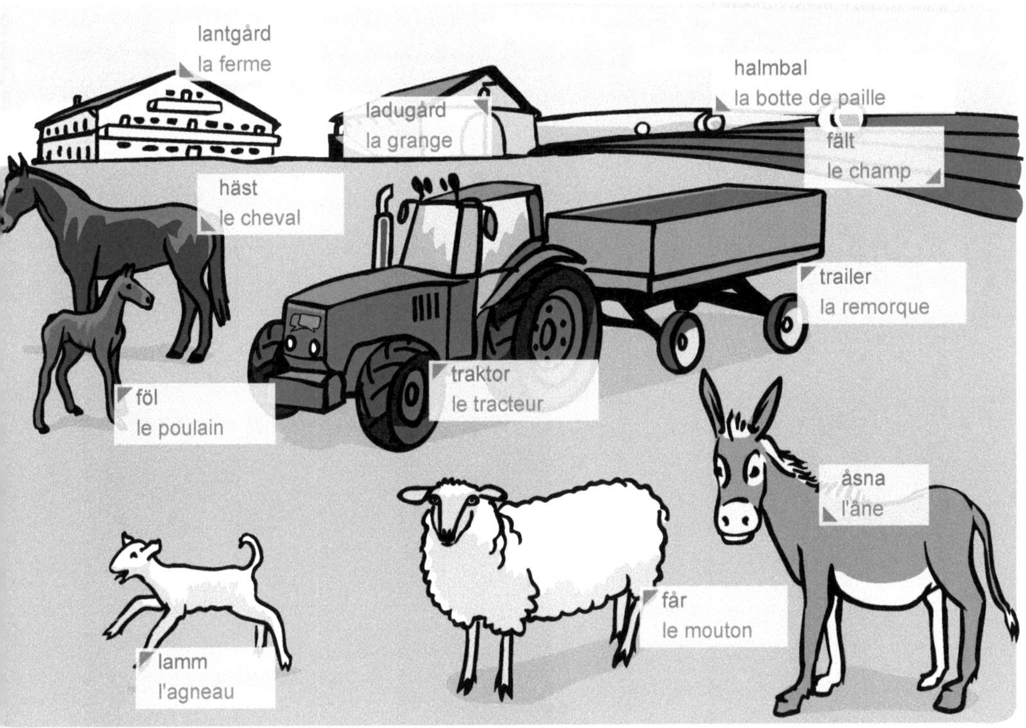

lantgård
la ferme
ladugård
la grange
halmbal
la botte de paille
fält
le champ
häst
le cheval
trailer
la remorque
traktor
le tracteur
föl
le poulain
åsna
l'âne
får
le mouton
lamm
l'agneau

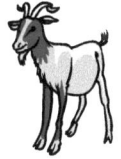

get
la chèvre

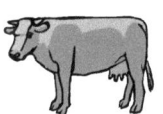

ko
la vache

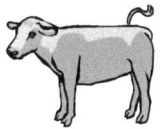

kalv
le veau

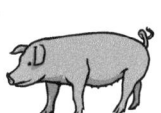

gris
le porc

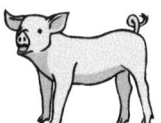

griskulting
le porcelet

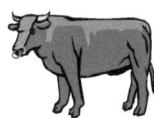

tjur
le taureau

gås
l'oie

anka
le canard

kyckling
le poussin

höna
la poule

tupp
le coq

råtta
le rat

katt
le chat

mus
la souris

oxe
le bœuf

hund
le chien

hundkoja
le chenil

trädgårdsslang
le tuyau de jardin

vattenkanna
l'arrosoir

lie
la faucheuse

plog
la charrue

skära

la faucille

hacka

la pioche

högaffel

la fourche

yxa

la hache

skottkärra

la brouette

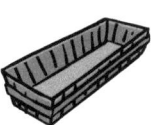

tråg

la cuve

mjölkflaska

le pot à lait

säck

le sac

staket

la clôture

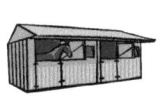

stall

l'étable

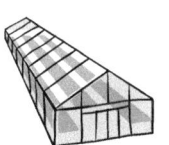

växthus

le serre

jord

le sol

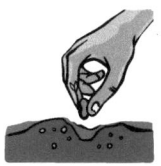

säd

les semences

gödsel

l'engrais

skördetröska

la moissonneuse-batteuse

skörda

récolter

skörd

la récolte

jams

l'igname

vete

le blé

soja

le soja

potatis

la pomme de terre

majs

le maïs

raps

le colza

fruktträd

l'arbre fruitier

maniok

le manioc

spannmål

les céréales

hus
la maison

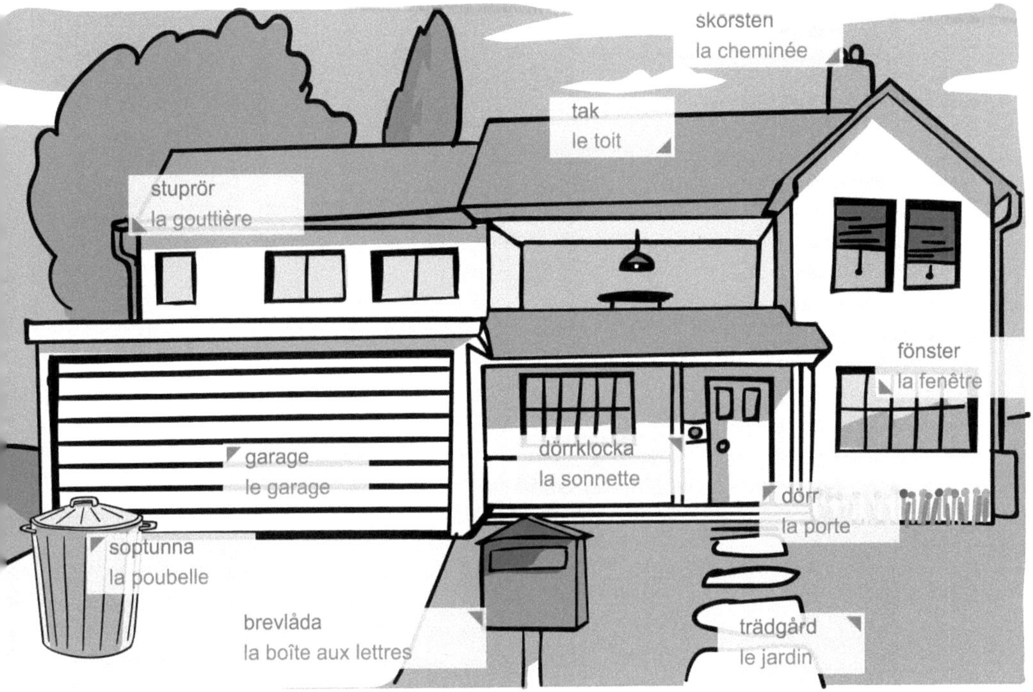
skorsten
la cheminée
tak
le toit
stuprör
la gouttière
fönster
la fenêtre
garage
le garage
dörrklocka
la sonnette
dörr
la porte
soptunna
la poubelle
brevlåda
la boîte aux lettres
trädgård
le jardin

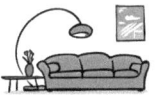

vardagsrum

le salon

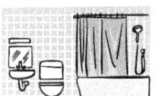

badrum

la salle de bain

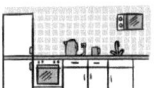

kök

la cuisine

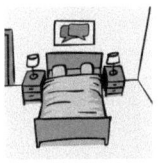

sovrum

la chambre à coucher

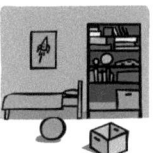

barnrum

la chambre d'enfant

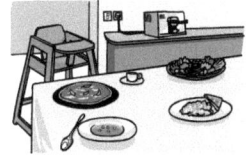

matsal

la salle à manger

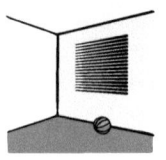

golv

le sol

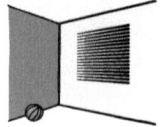

vägg

le mur

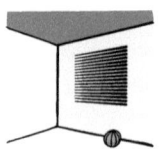

tak

le plafond

källare

la cave

bastu

le sauna

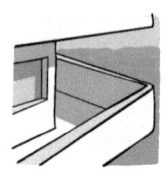

balkong

le balcon

terrass

la terrasse

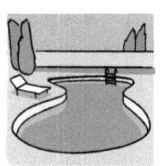

bassäng

la piscine

gräsklippare

la tondeuse à gazon

lakan

la housse

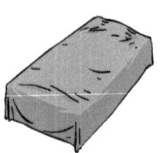

överkast

la couette

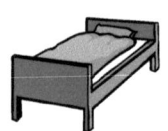

säng

le lit

kvast

le balai

hink

le sceau

strömbrytare

l'interrupteur

vardagsrum
le salon

tapet
le papier peint
bild
l'image
lampa
la lampe
hylla
l'étagère
skåp
l'armoire
TV
la télé
eldstad
la cheminée
blomma
la fleur
kudde
le coussin
soffa
le sofa
vas
le vase
fjärrkontroll
la télécommande

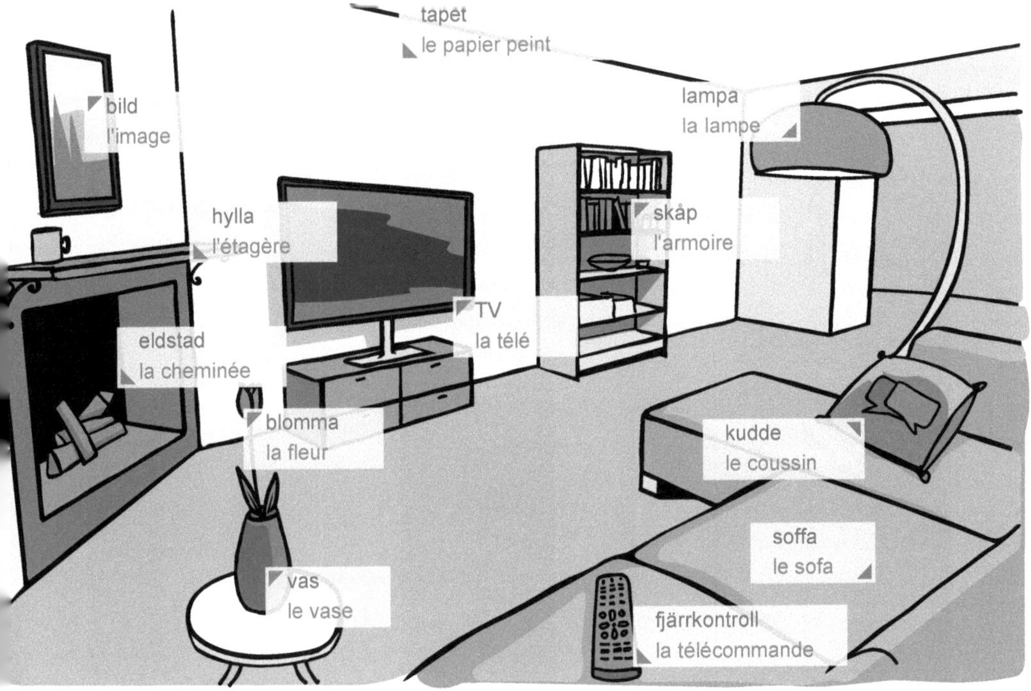

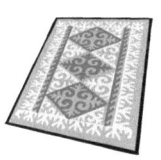

matta

le tapis

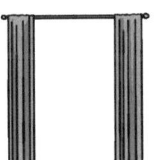

gardin

le rideau

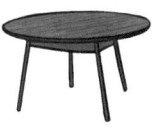

bord

la table

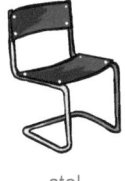

stol

la chaise

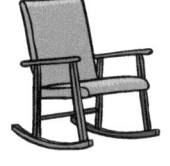

gungstol

la chaise à bascule

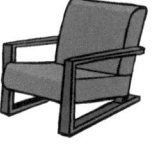

fåtölj

le fauteuil

bok

le livre

filt

la couverture

dekoration

la décoration

vedträ

le bois de chauffage

film

le film

stereoanläggning

la chaîne hi-fi

nyckel

la clé

dagstidning

le journal

målning

la peinture

poster

le poster

radio

la radio

anteckningsbok

le bloc-notes

dammsugare

l'aspirateur

kaktus

le cactus

stearinljus

la bougie

kök
la cuisine

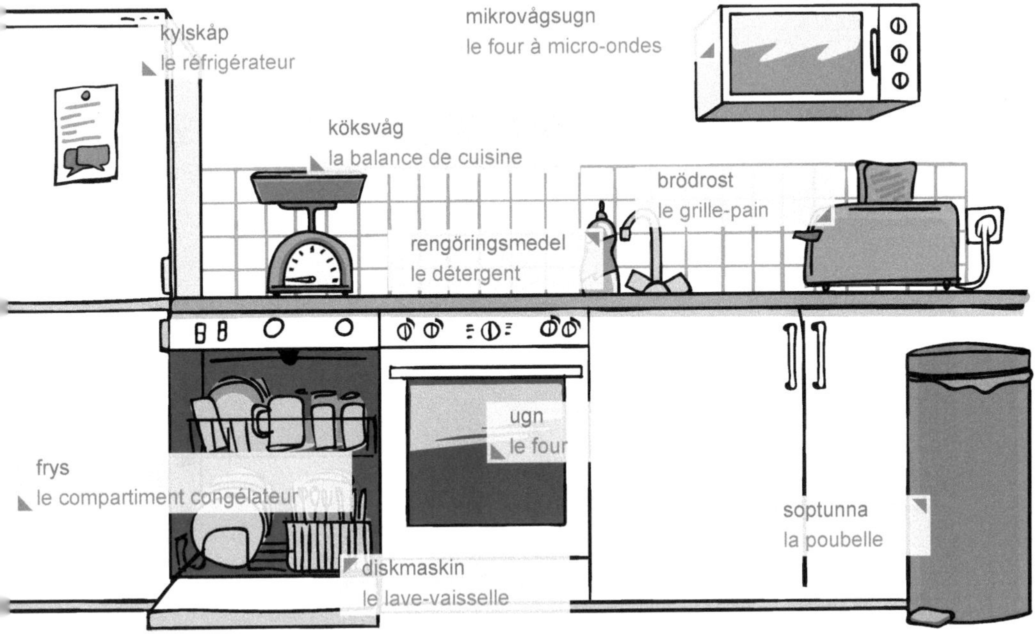

kylskåp
le réfrigérateur
mikrovågsugn
le four à micro-ondes
köksvåg
la balance de cuisine
brödrost
le grille-pain
rengöringsmedel
le détergent
ugn
le four
frys
le compartiment congélateur
soptunna
la poubelle
diskmaskin
le lave-vaisselle

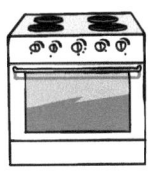

spis
le four

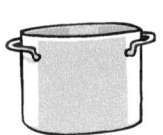

kastrull
la casserole

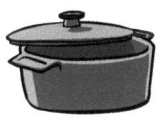

järngryta
la marmite

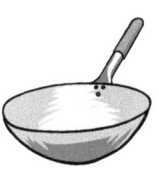

wok / kadai
le wok / kadai

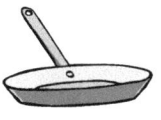

stekpanna
la poêle

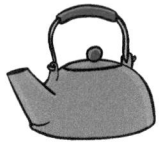

vattenkokare
la bouilloire electrique

ångkokare

le cuiseur vapeur

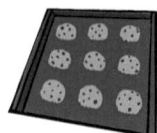

bakplåt

la plaque de cuisson

porslin

la vaisselle

mugg

le gobelet

skål

la coupe

ätpinnar

les baguettes

soppslev

la louche

stekspade

la spatule

visp

le fouet

durkslag

la passoire

sil

le tamis

rivjärn

la râpe

mortel

le mortier

grill

le barbecue

brasa

la cheminée

skärbräda

la planche à découper

kavel

le rouleau à pâtisserie

korkskruv

le tire-bouchon

burk

la boîte

burköppnare

l'ouvre-boîte

grytlapp

les maniques

vask

le lavabo

borste

la brosse

svamp

l'éponge

mixer

le mixeur

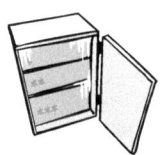

frys

le congélateur

nappflaska

le biberon

kran

le robinet

kök - la cuisine

la salle de bain

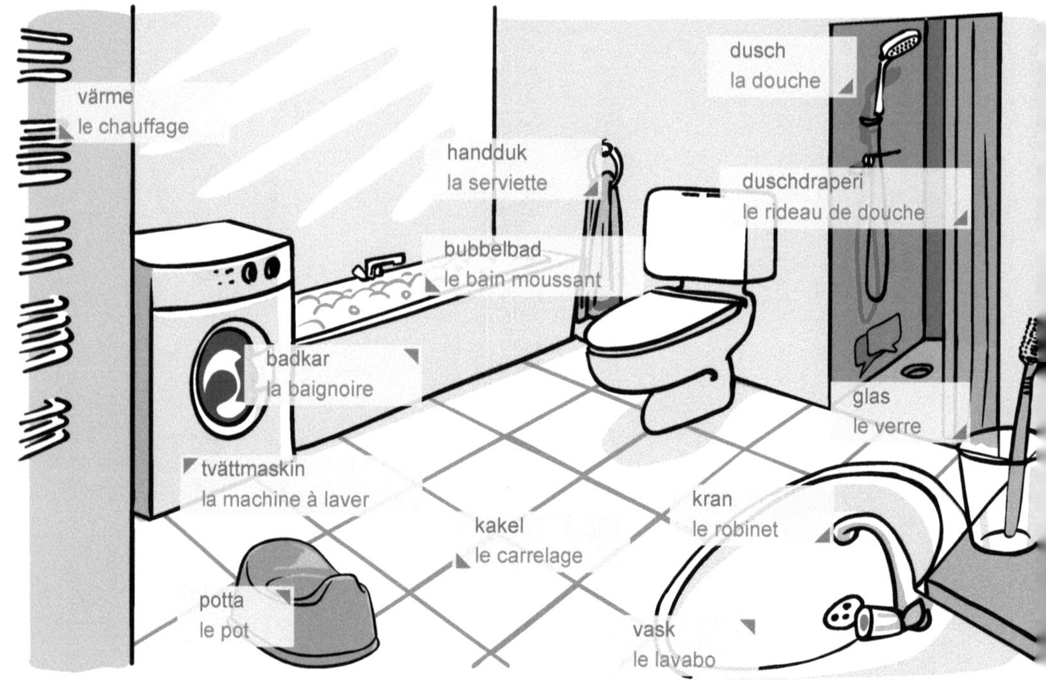

värme
le chauffage

dusch
la douche

handduk
la serviette

duschdraperi
le rideau de douche

bubbelbad
le bain moussant

badkar
la baignoire

glas
le verre

tvättmaskin
la machine à laver

kran
le robinet

kakel
le carrelage

potta
le pot

vask
le lavabo

toalett	låg toalett	bidet
les toilettes	la toilette à la turque	le bidet
pissoar	toalettpapper	toalettborste
l'urinoir	le papier toilette	la brosse à toilette

tandborste

la brosse à dents

tandkräm

le dentifrice

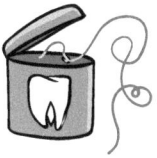

tandtråd

le fil dentaire

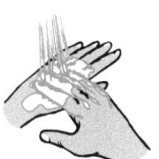

tvätta

laver

handdusch

la douche manuelle

intimdusch

la douche intime

handfat

la vasque

ryggborste

la brosse dorsale

tvål

le savon

duschgel

le gel douche

schampo

le shampooing

trasa

le gant de toilette

avlopp

l'écoulement

crème

la crème

deodorant

le déodorant

spegel

le miroir

handspegel

le miroir cosmétique

rakhyvel

le rasoir

raklödder

la mousse à raser

rakvatten

l'après-rasage

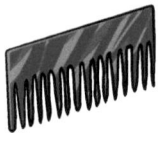

kam

la peigne

borste

la brosse

hårtork

le sèche-cheveux

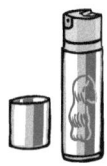

hårspray

la laque pour cheveux

smink

le fond de teint

läppstift

le rouge à lèvres

nagellack

le vernis à ongles

bomullsvadd

l'ouate

nagelsax

le coupe-ongles

parfym

le parfum

necessär

la trousse de toilette

pall

le tabouret

våg

le pèse-personne

badrock

le peignoir

gummihandskar

les gants de nettoyage

tampong

le tampon

binda

les serviettes hygiéniques

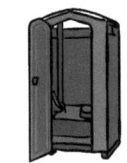

kemisk toalett

la toilette chimique

barnrum
la chambre d'enfant

väckarklocka
le réveil
gosedjur
le doudou
leksaksbil
la voiture jouet
skallra
le hochet
dockhus
la maison de poupée
present
le cadeau

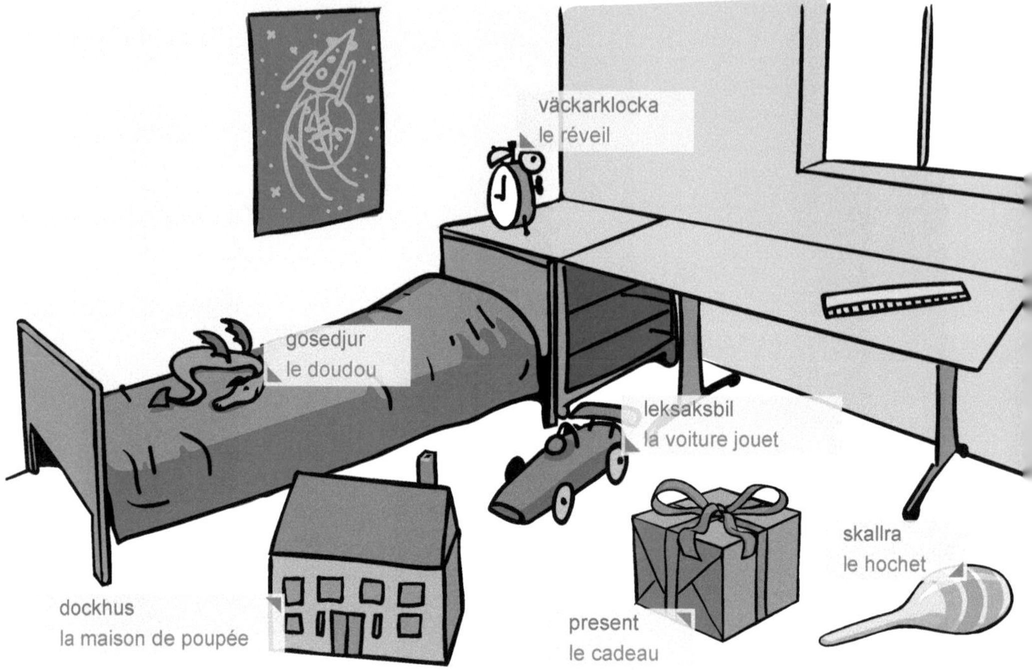

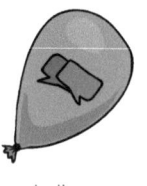

ballong

le ballon

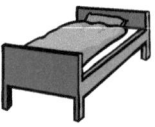

säng

le lit

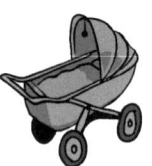

barnvagn

la poussette

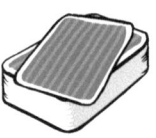

kortlek

le jeu de cartes

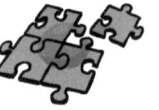

pussel

le puzzle

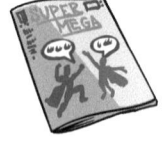

serietidning

la bande dessinée

legobitar

les pièces lego

klossar

les blocs de construction

actionfigur

la figurine

sparkdräkt

la grenouillère

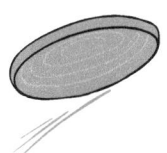

frisbee

le frisbee

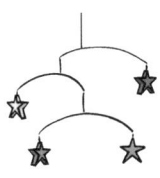

mobil

le mobile

brädspel

le jeu de société

tärning

le dé

modelljärnväg

le train miniature

napp

la sucette

party

la fête

bilderbok

le livre d'images

boll

la balle

docka

la poupée

spela

jouer

sandlåda

le bac à sable

gunga

la balançoire

leksaker

les jouets

spelkonsol

la console de jeu

trehjuling

le tricycle

nalle

l'ours en peluche

garderob

l'armoire

kläder

les vêtements

sockar

les chaussettes

strumpor

les bas

tights

le collant

halsduk
l'écharpe

paraply
le parapluie

t-shirt
le t-shirt

bälte
la ceinture

stövlar
les bottes

tofflor
les pantoufles

sneakers
les baskets

sandaler
les sandales

skor
les chaussures

gummistövlar
les bottes de caoutchouc

underbyxor
les sous-vêtements

BH
le soutien-gorge

linne
le maillot de corps

kläder - les vêtements   45

body
le body

byxor
le pantalon

jeans
le jean

kjol
la jupe

blus
le chemisier

skjorta
la chemise

pullover
le pull

sweater
le sweat à capuche

blazer
la veste

jacka
la veste

kappa
le manteau

regnjacka
l'imperméable

dräkt
le costume

klänning
la robe

bröllopsklänning
la robe de mariée

kläder - les vêtements

kostym

le costume

nattlinne

la chemise de nuit

pyjamas

le pyjama

sari

le sari

slöja

le foulard

turban

le turban

burka

la burqa

kaftan

le caftan

abaya

l'abaya

baddräkt

le maillot de bain

badbyxor

le maillot de bain

shorts

le short

träningsoverall

la tenue d'entraînement

förkläde

le tablier

handskar

les gants

knapp

le bouton

glasögon

les lunettes

armband

le bracelet

halsband

le collier

ring

la bague

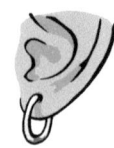

örhänge

la boucle d'oreille

mössa

le bonnet

galge

le cintre

hatt

le chapeau

slips

la cravate

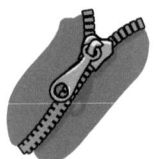

dragkedja

la fermeture éclair

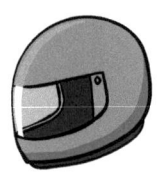

hjälm

le casque

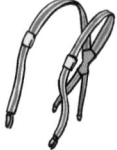

hängslen

les bretelles

skoluniform

l'uniforme scolaire

uniform

l'uniforme

haklapp

le bavoir

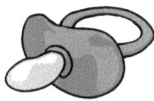

napp

la sucette

blöja

la lange

kontor
le bureau

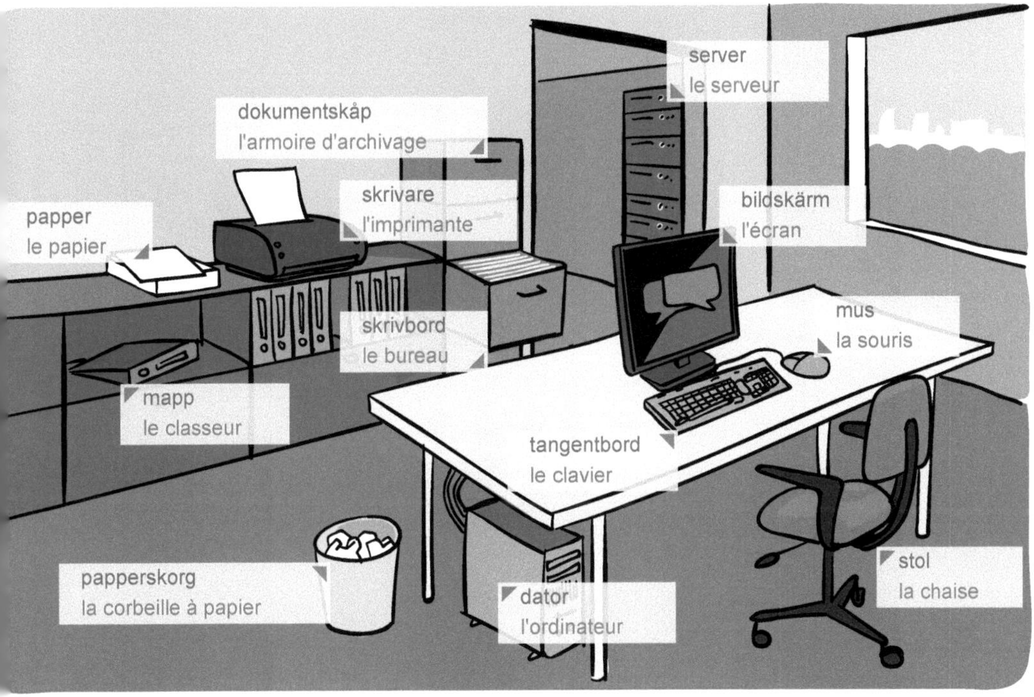

dokumentskåp
l'armoire d'archivage

server
le serveur

papper
le papier

skrivare
l'imprimante

bildskärm
l'écran

skrivbord
le bureau

mus
la souris

mapp
le classeur

tangentbord
le clavier

papperskorg
la corbeille à papier

dator
l'ordinateur

stol
la chaise

kaffemugg

la tasse de café

miniräknare

la calculatrice

internet

l'internet

bärbar dator

l'ordinateur portable

brev

la lettre

meddelande

le message

mobiltelefon

le portable

nätverk

le réseau

kopieringsapparat

la photocopieuse

programvara

le logiciel

telefon

le téléphone

vägguttag

la prise

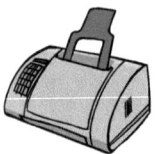

fax

le fax

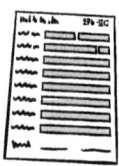

blankett

le formulaire

dokument

le document

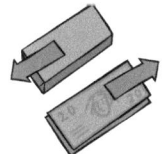

köpa

acheter

betala

payer

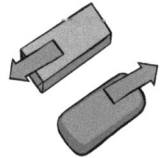

handla

faire du commerce

pengar

la monnaie

USD

dollar

le dollar

EUR

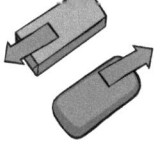

euro

l'euro

JPY

yen

le yen

RUB

rubel

le rouble

CHF

schweizisk franc

le franc suisse

CNY

renminbi yan

le renminbi yuan

INR

rupie

la roupie

bankomat

le distributeur automatique

växelkontor

le bureau de change

guld

l'or

silver

l'argent

olja

le pétrole

energi

l'énergie

pris

le prix

kontrakt

le contrat

skatt

la taxe

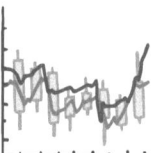

aktie

l'action

arbeta

travailler

anställd

l'employé

arbetsgivare

l'employeur

fabrik

l'usine

affär

le magasin

yrken
les professions

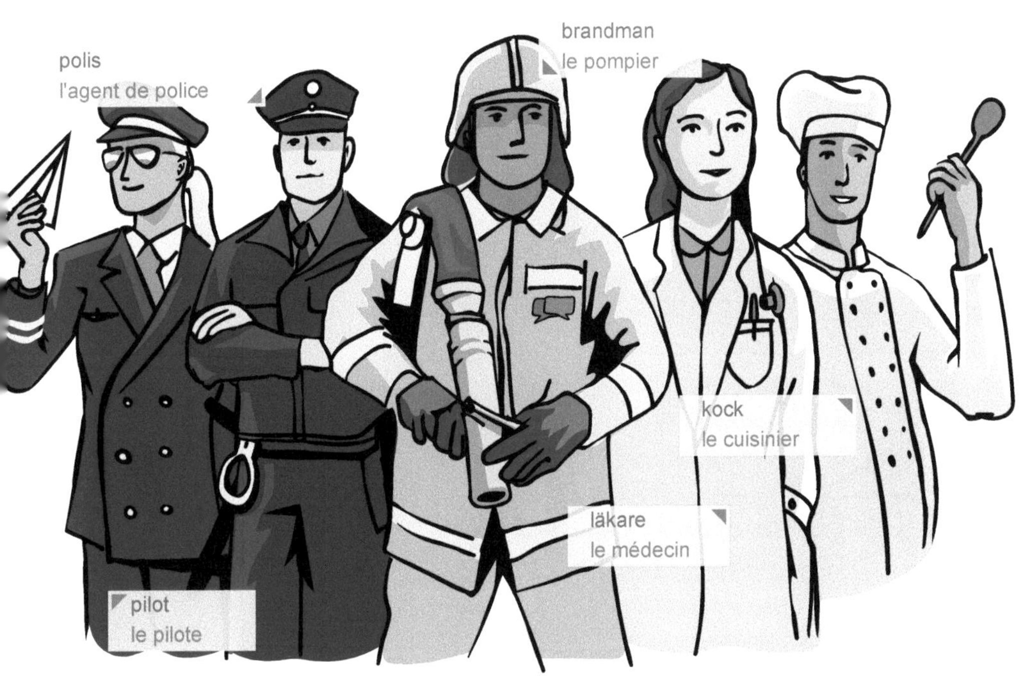

polis
l'agent de police
brandman
le pompier
kock
le cuisinier
läkare
le médecin
pilot
le pilote

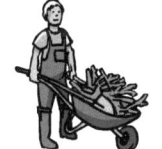

trädgårdsmästare

le jardinier

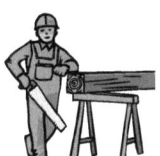

snickare

le menuisier

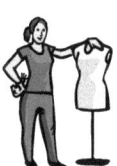

sömmerska

la couturière

domare

le juge

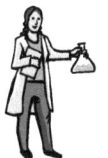

kemist

le chimiste

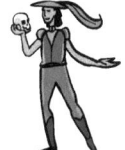

skådespelare

l'acteur

busschaufför

le conducteur de bus

taxichaufför

le chauffeur de taxi

fiskare

le pêcheur

städerska

la femme de ménage

takläggare

le couvreur

servitör

le serveur

jägare

le chasseur

målare

le peintre

bagare

le boulanger

elektriker

l'électricien

byggarbetare

l'ouvrier

ingenjör

l'ingénieur

slaktare

le boucher

rörmokare

le plombier

brevbärare

le facteur

soldat

le soldat

arkitekt

l'architecte

kassör

le caissier

florist

le fleuriste

frisör

le coiffeur

konduktör

le contrôleur

mekaniker

le mécanicien

kapten

le capitaine

tandläkare

le dentiste

vetenskapsman

le scientifique

rabbin

le rabbin

imam

l'imam

munk

le moine

präst

le prêtre

verktyg
les outils

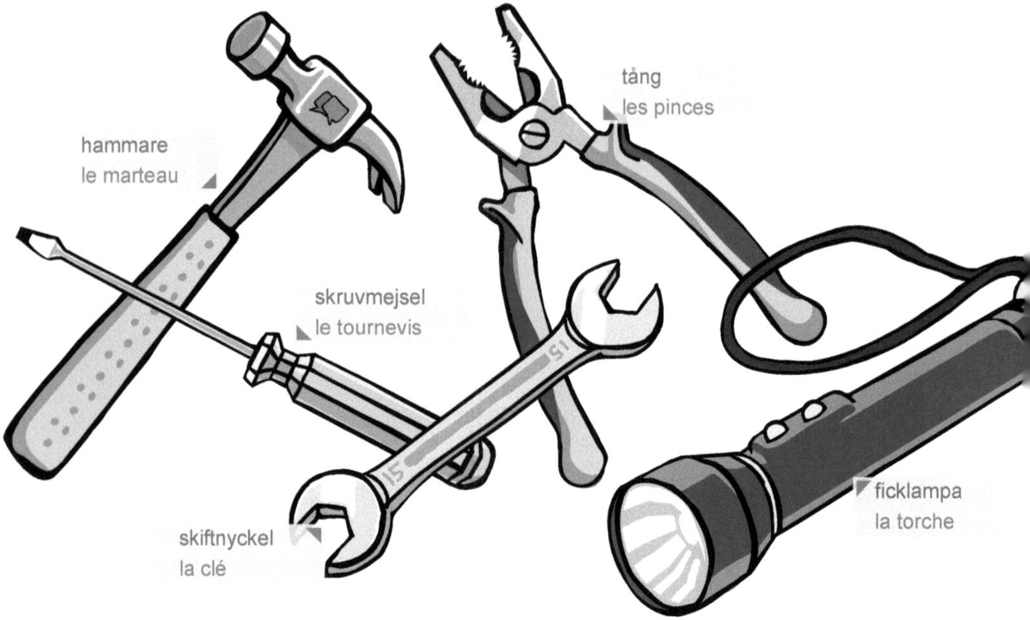
tång
les pinces
hammare
le marteau
skruvmejsel
le tournevis
ficklampa
la torche
skiftnyckel
la clé

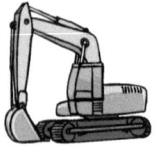

grävmaskin

la pelleteuse

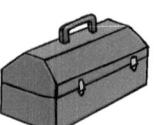

verktygslåda

la boîte à outils

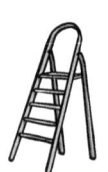

stege

l'échelle

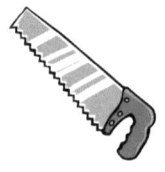

såg

la scie

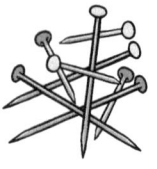

spik

les clous

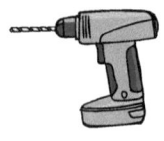

borr

la perceuse

reparera

réparer

spade

la pelle

Helvete!

Mince !

sopskyffel

la pelle

färgburk

le pot de peinture

skruvar

les vis

musikinstrument

les instruments de musique

högtalare
le haut-parleurs

trummor
la batterie

gitarr
la guitare

kontrabas
la contrebasse

trumpet
la trompette

piano

le piano

violin

le violon

bas

la basse

timpani

les timbales

trumma

le tambour

keyboard

le piano électrique

saxofon

le saxophone

flöjt

la flûte

mikrofon

le microphone

zoo

le zoo

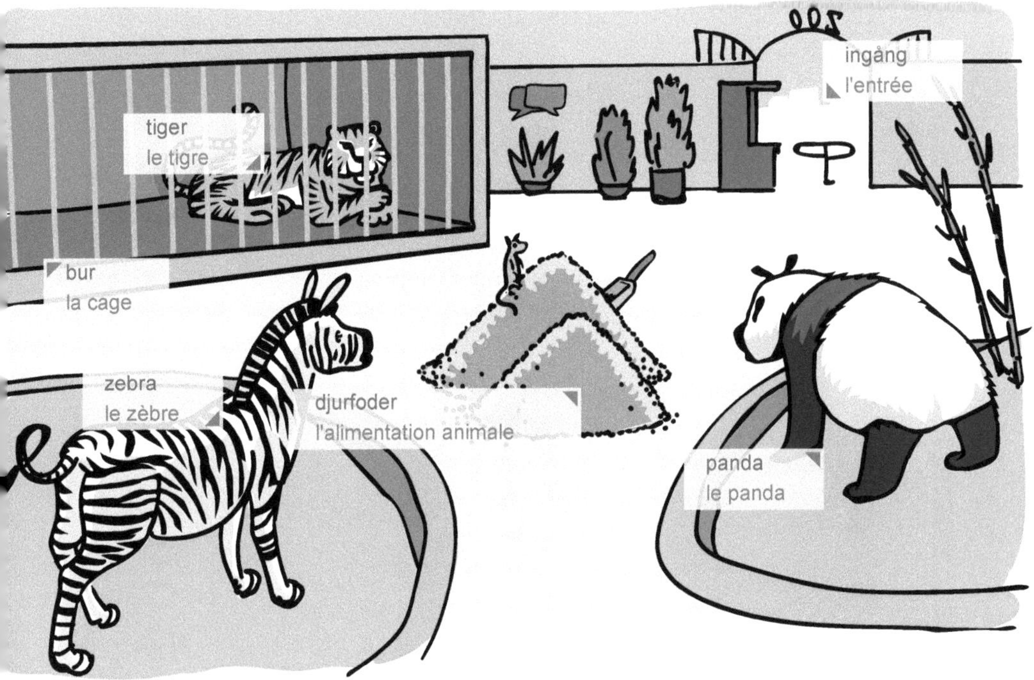

ingång
l'entrée
tiger
le tigre
bur
la cage
zebra
le zèbre
djurfoder
l'alimentation animale
panda
le panda

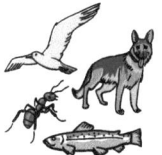

djur

les animaux

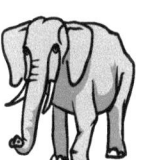

elefant

l'éléphant

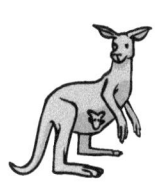

känguru

le kangourou

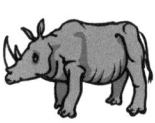

noshörning

le rhinocéros

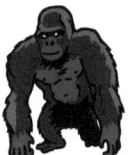

gorilla

le gorille

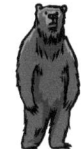

björn

l'ours

kamel

le chameau

struts

l'autruche

lejon

le lion

apa

le singe

flamingo

le flamand rose

papegoja

le perroquet

isbjörn

l'ours polaire

pingvin

le pingouin

haj

le requin

påfågel

le paon

orm

le serpent

krokodil

le crocodile

djurskötare

le gardien de zoo

säl

le phoque

jaguar

le jaguar

ponny

le poney

leopard

le léopard

flodhäst

l'hippopotame

giraff

la girafe

örn

l'aigle

vildsvin

le sanglier

fisk

le poisson

sköldpadda

la tortue

valross

le morse

räv

le renard

gazell

la gazelle

amerikansk fotboll
l'american Football

cykling
le cyclisme

tennis
le tennis

basket
le basket-ball

simning
la natation

boxning
la boxe

ishockey
le hockey sur glace

fotboll
le football

badminton
le badminton

friidrott
l'athlétisme

handboll
le handball

skidåkning
le ski

polo
le polo

skratta
rire

hoppa
sauter

krama
embrasser

gå
marcher

sjunga
chanter

drömma
rêver

be
prier

kyssa
faire la bise

skriva
écrire

rita
dessiner

visa
montrer

skjuta
pousser

ge
donner

ta
prendre

hagel

avoir

göra

faire

vara

être

stå

être debout

springa

courir

dra

trier

kasta

jeter

falla

tomber

ligga

être couché

vänta

attendre

bära

porter

sitta

être assis

klä på

s'habiller

sova

dormir

vakna

se réveiller

se på
....
regarder

gråta
....
pleurer

smeka
....
caresser

kamma
....
peigner

prata
....
parler

förstå
....
comprendre

fråga
....
demander

höra
....
écouter

dricka
....
boire

äta
....
manger

städa
....
ranger

älska
....
aimer

laga mat
....
cuire

köra
....
conduire

flyga
....
voler

segla

faire de la voile

räkna

calculer

läsa

lire

lära sig

apprendre

arbeta

travailler

gifta sig

se marier

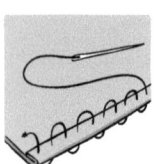

sy

coudre

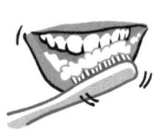

borsta tänderna

brosser les dents

döda

tuer

röka

fumer

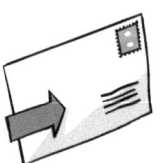

skicka

envoyer

familj
la famille

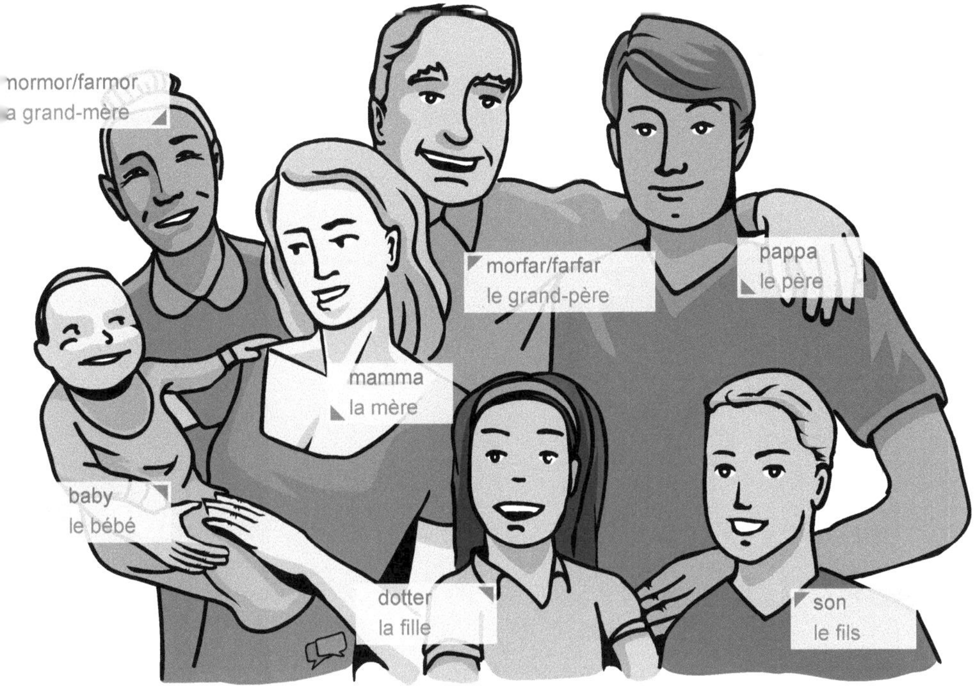

normor/farmor
a grand-mère
morfar/farfar
le grand-père
pappa
le père
mamma
la mère
baby
le bébé
dotter
la fille
son
le fils

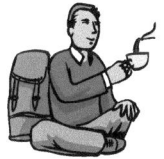

gäst
l'hôte

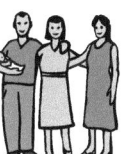

moster/faster
la tante

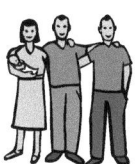

farbror/morbror
l'oncle

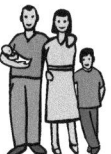

bror
le frère

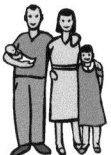

syster
la sœur

kropp
le corps

panna
le front
öga
l'œil
skuldra
l'épaule
finger
le doigt
ansikte
le visage
haka
le menton
hand
la main
ben
la jambe
bröst
la poitrine
arm
le bras

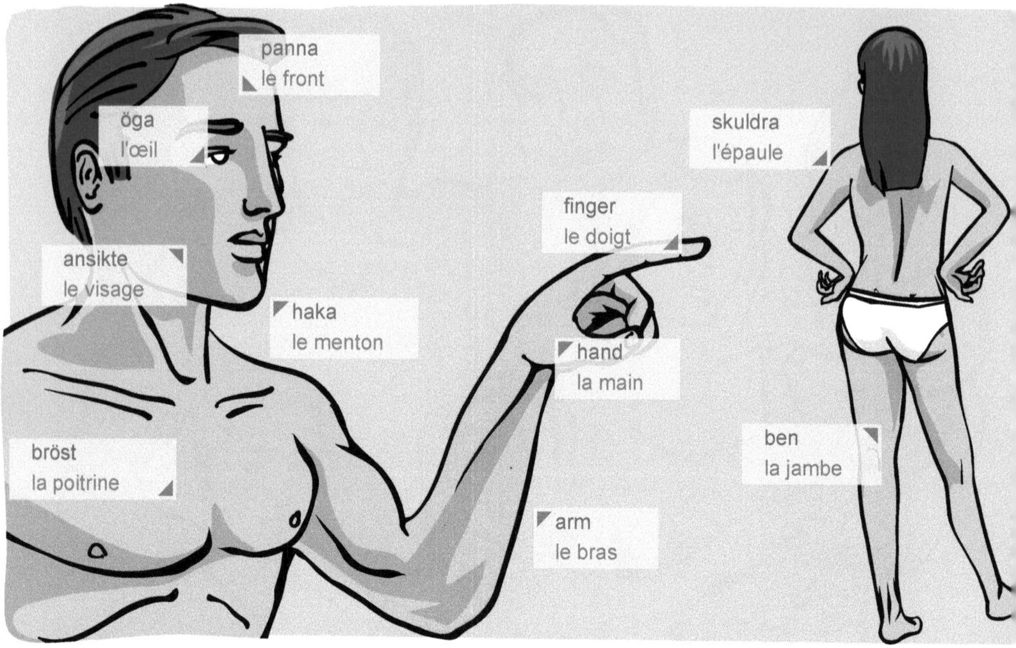

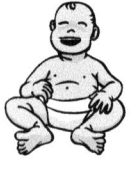

baby
le bébé

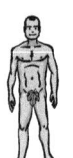

man
l'homme

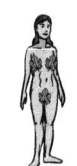

kvinna
la femme

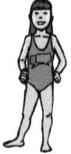

flicka
la fille

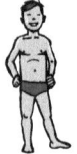

pojke
le garçon

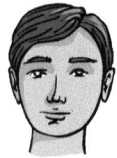

huvud
la tête

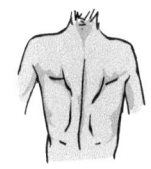

rygg
le dos

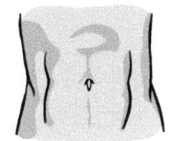

mage
le ventre

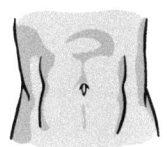

navel
le nombril

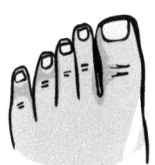

tå
l'orteil

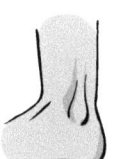

häl
le talon

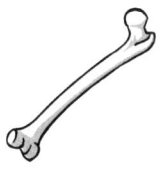

ben
l'os

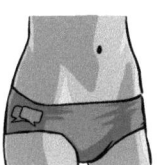

höft
la hanche

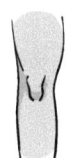

knä
le genou

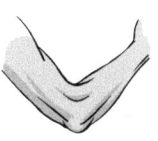

armbåge
le coude

näsa
le nez

stjärt
les fesses

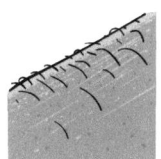

hud
la peau

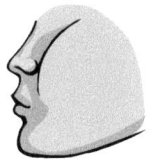

kind
la joue

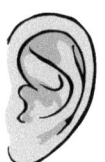

öra
l'oreille

läpp
la lèvre

mun

la bouche

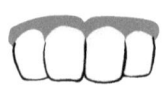

tand

la dent

tunga

la langue

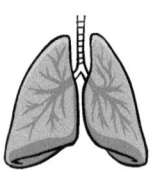

hjärna

le cerveau

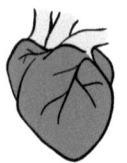

hjärta

le cœur

muskel

le muscle

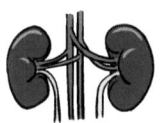

lunga

les poumons

lever

le foie

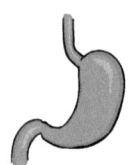

magsäck

l'estomac

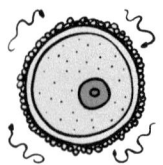

njurar

les reins

sex

le rapport sexuel

kondom

le préservatif

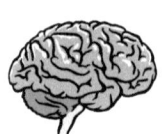

äggcell

l'ovule

sperma

le sperme

graviditet

la grossesse

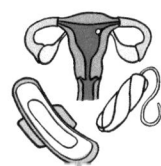

menstruation

la menstruation

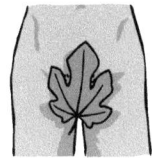

vagina

le vagin

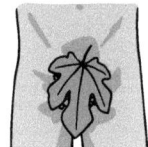

penis

le pénis

ögonbryn

le sourcil

hår

les cheveux

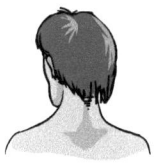

nacke

le cou

sjukhus
l'hôpital

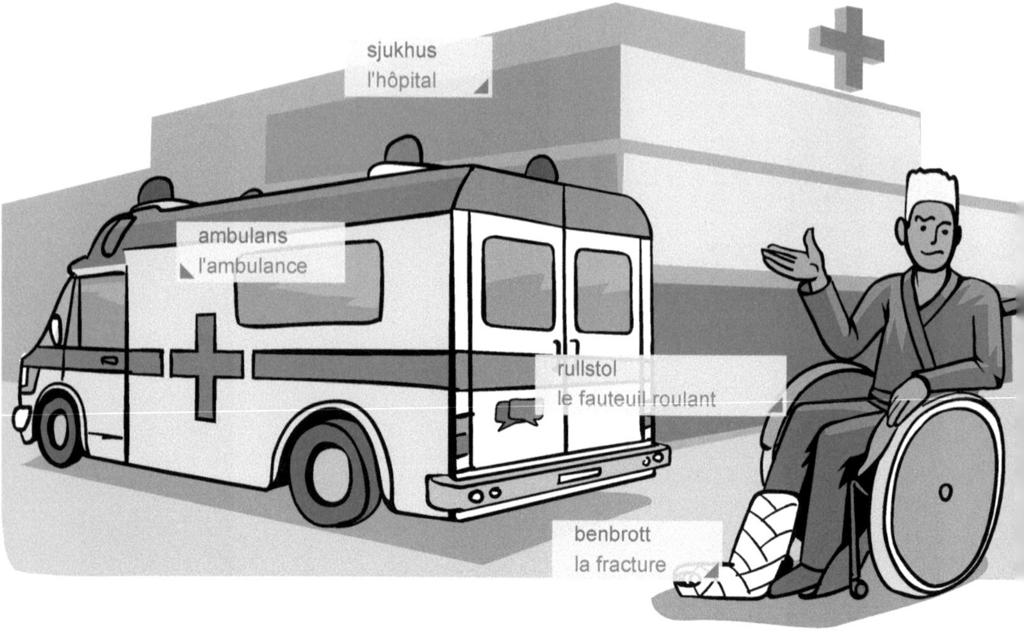

sjukhus
l'hôpital
ambulans
l'ambulance
rullstol
le fauteuil roulant
benbrott
la fracture

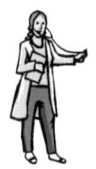

läkare

le médecin

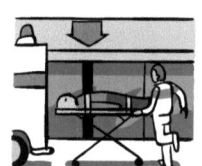

akutmottagning

le service des urgences

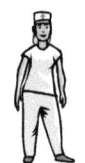

sjuksköterska

l'infirmière

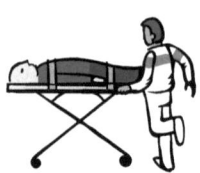

nödsituation

l'urgence

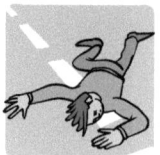

medvetslös

inconscient

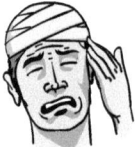

smärta

la douleur

skada

la blessure

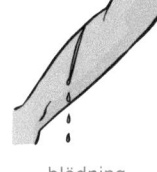

blödning

l'hémorragie

hjärtattack

la crise cardiaque

slaganfall

l'attaque cérébrale

allergi

l'allergie

hosta

la toux

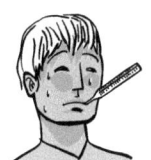

feber

la fièvre

influensa

la grippe

diarré

la diarrhée

huvudvärk

le mal de tête

cancer

le cancer

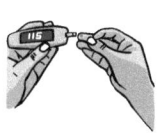

diabetes

le diabète

kirurg

le chirurgien

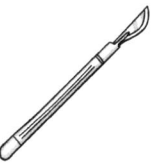

skalpell

le scalpel

operation

l'opération

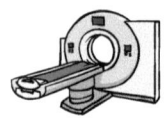

CT
le CT

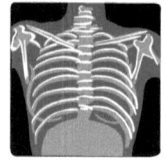

röntgen
la radiographie

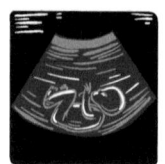

ultraljud
l'échographie

ansiktsmask
le masque

sjukdom
la maladie

väntsal
la salle d'attente

krycka
la béquille

plåster
le pansement

bandage
le pansement

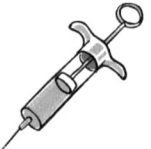

injektion
l'injection

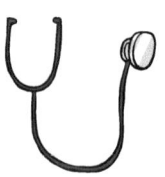

stetoskop
le stéthoscope

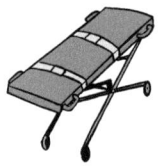

bår
le brancard

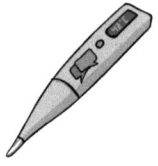

termometer
le thermomètre

födsel
l'accouchement

övervikt
la surcharge pondérale

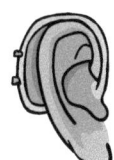

hörapparat

l'appareil auditif

desinfektionsmedel

le désinfectant

infektion

l'infection

virus

le virus

HIV / AIDS

le VIH / le sida

medicin

le médicament

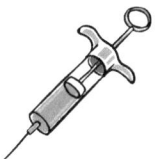

vaccination

la vaccination

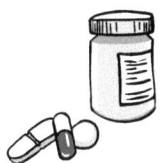

tabletter

les comprimés

p-piller

la pilule

nödsamtal

l'appel d'urgence

blodtrycksmätare

le tensiomètre

sjuk / frisk

malade / sain

Hjälp!

Au secours !

alarm

l'alarme

överfall

l'assaut

misshandel

l'attaque

fara

le danger

nödutgång

la sortie de secours

Det brinner!

Au feu!

brandsläckare

l'extincteur

olycka

l'accident

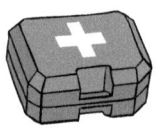

förbandslåda

la trousse de premier
secours

SOS

SOS

polis

la police

Europa

l'Europe

Nordamerika

l'Amérique du Nord

Sydamerika

l'Amérique du Sud

Afrika

l'Afrique

Asien

l'Asie

Australien

l'Australie

Atlanten

l'Océan atlantique

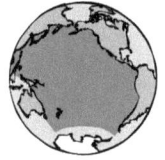

Stilla Havet

l'Océan pacifique

Indiska Oceanen

l'Océan indien

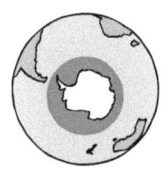

Antarktiska Oceanen

l'Océan antarctique

Arktiska Oceanen

l'Océan arctique

Nordpol

le Pôle nord

Sydpol

le Pôle sud

Antarktis

l'Antarctique

Jorden

la terre

land

le pays

hav

la mer

ö

l'île

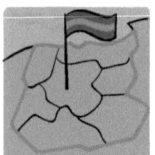

nation

la nation

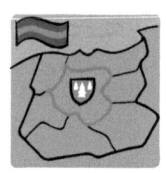

stat

l'état

urtavla

le cadran

timvisare

l'aiguille des heures

minutvisare

l'aiguille des minutes

sekundvisare

l'aiguille des secondes

Vad är klockan?

Quelle heure est-il ?

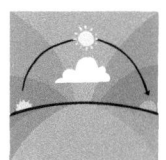

dag

le jour

tid

le temps

nu

maintenant

digital klocka

la montre digitale

minut

la minute

timme

l'heure

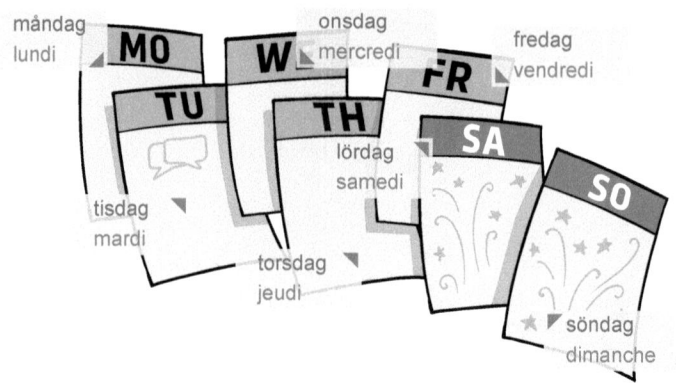

måndag / lundi — MO
tisdag / mardi — TU
onsdag / mercredi — W
torsdag / jeudi — TH
fredag / vendredi — FR
lördag / samedi — SA
söndag / dimanche — SO

igår
hier

idag
aujourd'hui

imorgon
demain

morgon
le matin

middag
le midi

kväll
le soir

vardagar
les jours ouvrables

helg
le week-end

år
l'année

regn
la pluie
regnbåge
l'arc-en-ciel
snö
la neige
vind
le vent
vår
le printemps
höst
l'automne
sommar
l'été
vinter
l'hiver

4.APRIL 11°
5.APRIL 4°
6.APRIL 13°
7.APRIL 8°
8.APRIL 10°

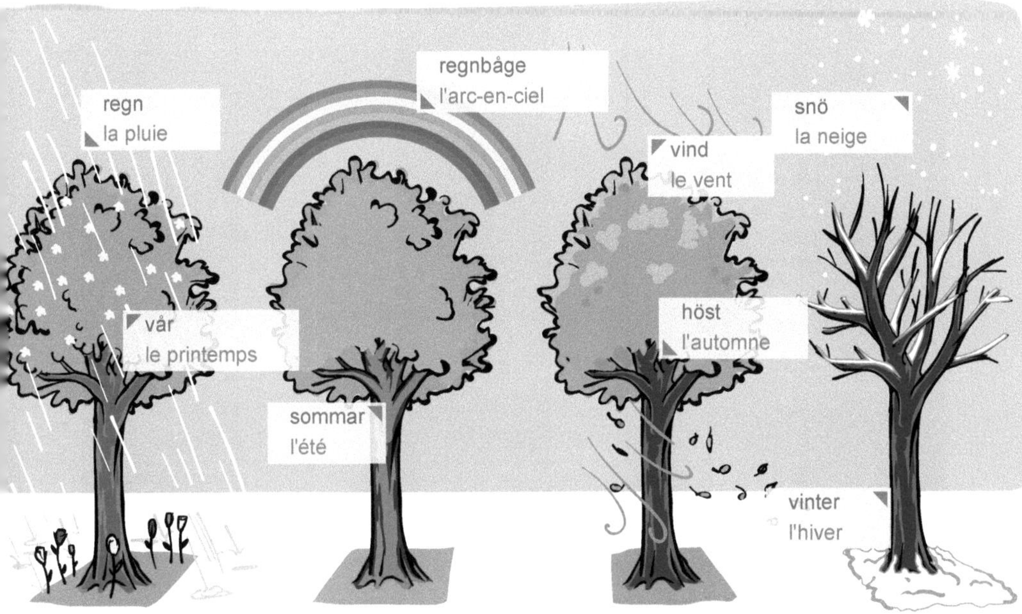

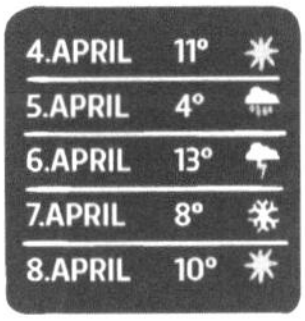

väderprognos

la météo

F
C
120
90
60
30
0
-30
40
30
20
10
0
-10
-20

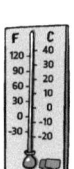

termometer

le thermomètre

solsken

la lumière du soleil

moln

le nuage

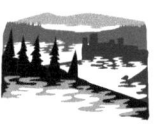

dimma

le brouillard

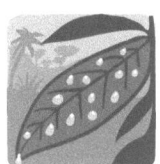

luftfuktighet

l'humidité

blixt

la foudre

åska

la tonnerre

storm

la tempête

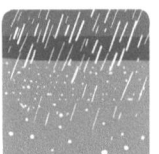

hagel

la grêle

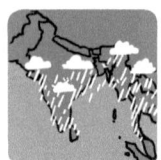

monsun

la mousson

översvämning

l'inondation

is

la glace

januari

janvier

februari

février

mars

mars

april

avril

maj

mai

juni

juin

juli

juillet

augusti

août

september
septembre

oktober
octobre

november
novembre

december
décembre

former
les formes

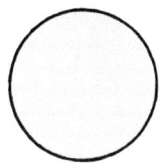

cirkel
le cercle

kvadrat
le carré

rektangel
le rectangle

triangel
le triangle

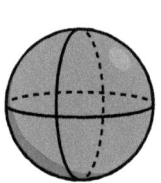

sfär
la sphère

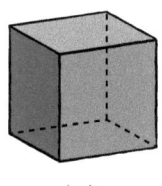

kub
le cube

vit

blanc

gul

jaune

orange

orange

rosa

rose

röd

rouge

lila

violet

blå

bleu

grön

vert

brun

marron

grå

gris

svart

noir

mycket / lite

beaucoup / peu

arg / lugn

fâché / calme

vacker / ful

joli / laid

början / slut

le début / la fin

stor / liten

grand / petit

ljus / mörk

clair / obscure

bror / syster

frère / soeur

ren / smutsig

propre / sale

komplett / ofullständig

complet / incomplet

dag / natt

le jour / la nuit

död / levande

mort / vivant

bred / smal

large / étroit

ätlig / oätlig

comestible / incomestible

ond / god

méchant / gentil

upphetsad / uttråkad

excité / ennuyé

tjock / smal

gros / mince

först / sist

le premier / le dernier

vän / fiende

l'ami / l'ennemi

full / tom

plein / vide

hård / mjuk

dur / souple

tung / lätt

lourd / léger

hunger / törst

faim / soif

sjuk / frisk

malade / sain

olaglig / laglig

illégal / légal

intelligent / dum

intelligent / stupide

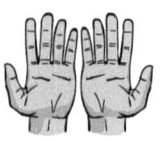

vänster / höger

gauche / droite

nära / långt bort

proche / loin

ny / begagnad

nouveau / usé

inget / något

rien / quelque chose

gammal / ung

vieux / jeune

på / av

marche / arrêt

öppen / stängd

ouvert / fermé

tyst / högljudd

faible / fort

rik / fattig

riche / pauvre

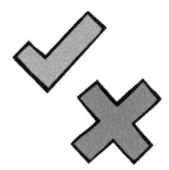

rätt / fel

correct / incorrect

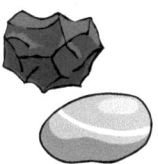

grov / slät

rugueux / lisse

ledsen / glad

triste / heureux

kort / lång

court / long

långsam / snabb

lent / rapide

våt / torr

mouillé / sec

varm / sval

chaud / froid

krig / fred

la guerre / la paix

les nombres

0	**1**	**2**
noll	ett	två
zéro	un / une	deux

3	**4**	**5**
tre	fyra	fem
trois	quatre	cinq

6	**7**	**8**
sex	sju	åtta
six	sept	huit

9	**10**	**11**
nio	tio	elva
neuf	dix	onze

12

tolv

douze

13

tretton

treize

14

fjorton

quatorze

15

femton

quinze

16

sexton

seize

17

sjutton

dix-sept

18

arton

dix-huit

19

nitton

dix-neuf

20

tjugo

vingt

100

hundra

cent

1.000

tusen

mille

1.000.000

miljon

le million

engelska

l'anglais

amerikansk engelska

l'anglais américain

kinesisk mandarin

le chinois mandarin

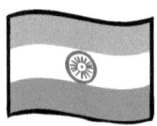

hindi

le hindi

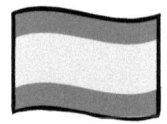

spanska

l'espagnol

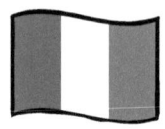

franska

le français

arabiska

l'arabe

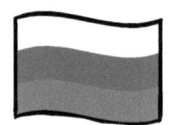

ryska

le russe

portugisiska

le portugais

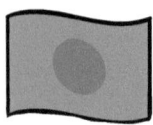

bengali

le bengali

tyska

l'allemand

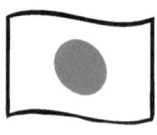

japanska

le japonais

jag

je

du

tu

han / hon / den (det)

il / elle / ce, c', cela

vi

nous

ni

vous

de

ils / elles

vem?

Qui ?

vad?

Quoi ?

hur?

Comment ?

var?

Où ?

när?

Quand ?

namn

le nom

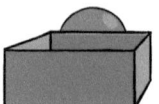

bakom

derrière

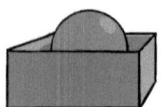

i

dans

framför

devant

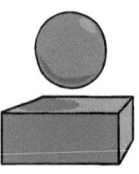

över

au-dessus

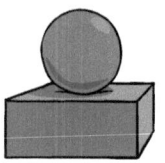

på

sur

under

en-dessous

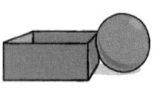

bredvid

à côté de

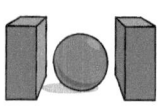

mellan

entre

plats

le lieu